Arena-Taschenbuch
Band 1951

*Uli Lehnhof,*
Jahrgang 1953, machte Rockmusik mit verschiedenen Bands, unternahm längere Reisen durch Mexiko und die USA, studierte an der Päd. Hochschule Berlin und unterrichtete an Schulen in Berlin und Bremen. Er arbeitete als freier Mitarbeiter bei verschiedenen Rundfunksendern und hat bereits mehrere Jugendbücher veröffentlicht.

Uli Lehnhof

# Der beste Mittelstürmer der Welt

Mit Bildern von
Aleš Vrtal

Arena

Für Rosa

**In neuer Rechtschreibung**

1. Auflage als Arena-Taschenbuch 1998

Umschlag und Innenillustrationen: Aleš Vrtal
Gesamtherstellung: Westermann Druck Zwickau GmbH
ISSN 0518-4002
ISBN 3-401-01951-1

# 1

Der Rechtsaußen legt sich den Ball zur Ecke hin. Er läuft an und schießt. Der Ball segelt in den Strafraum. Supero stoppt ihn mit der Brust und lässt ihn auf den Fuß tropfen. Das macht er wirklich super! Mit einer Körpertäuschung lässt er den Verteidiger stehen und knallt den Ball in den Winkel.
TOOOOOOOOOOOOOOOOOOR!!!!!!!!
Achtzigtausend Zuschauer im Stadion jubeln. Dieser Supero ist ein echter Teufelskerl! Jetzt läuft er zur Eckfahne. Er winkt den Fans zu und wackelt mit dem Po. Das ist sein Markenzeichen. Nach jedem Tor zeigt er einen kleinen Tanz an der Eckfahne. Die Fans schreien:

»SU-PE-RO – NOCH EIN TOR!!!«
Und sie klatschen im Takt dazu.
Dann kommen die Mitspieler angerannt. Sie springen auf Supero drauf und begraben ihn vor Freude unter sich. Das ist ein tolles Gefühl!
Er ist der beste Spieler, der beste . . .
»Na, wie lautet das Ergebnis, Mischa?«, fragt Frau Sauer.
Frau Sauer ist Mischas Klassenlehrerin. Mischa Merker ist nicht klein für einen Jungen aus der 3. Klasse. Er misst einen Meter einundvierzig. Und er wiegt zweiunddreißig Kilo. Aber Frau Sauer wiegt bestimmt das Dreifache. Hundert Kilo bringt sie locker auf die Waage.
Jetzt kommt sie auf ihn zu und bleibt neben ihm stehen.
»Ich habe dich etwas gefragt, Mischa!«, sagt sie.

»Ja . . . ähm . . . äh«, bringt er nur raus.
Er hat die Aufgabe überhaupt nicht mitgekriegt. Ein sagenhaftes Tor hat er eben geschossen. Aus der Drehung in den Winkel.
So ein Mist! Warum muss die Sauer gerade ihn aufrufen?
Lara sitzt auf der anderen Seite vom Gang. Mischa hört sie kichern. Er mag Lara. Sie spielt ganz gut Fußball. Nicht so gut wie er, aber einigermaßen.
Jetzt kichern noch mehr. Mieke und Eli, Handan und Kathi, Stefan und Julio. Mischa kommt es vor, als würden alle kichern.
Er sieht Frau Sauer nicht an. Stattdessen schaut er zu Florian rüber. Frau Sauer passt auf, dass ihm keiner vorsagt.
»Nun, wer kann Mischa helfen und

uns das richtige Ergebnis nennen?«, fragt sie die Klasse.
Endlich! Die Sauer lässt ihn in Ruhe. Mischa atmet auf.
»Fünfundsechzig«, antwortet Lara und grinst Mischa an.
»Sehr gut!«, lobt Frau Sauer. »Fünf mal dreizehn macht fünfundsechzig. Kannst du uns denn sagen, wie viel fünf mal vierzehn ist?«, fragt sie Mischa jetzt.
Sie ist wirklich fies. Mischa könnte ihr sagen, wer Deutscher Fußballmeister ist. Oder welche Spieler zur Nationalmannschaft gehören. Aber danach fragt Frau Sauer nie.

## 2

Die Schule ist aus. Mischa geht neben Florian her. Florian ist jünger und kleiner. Deshalb nennt Mischa ihn öfter Flo. In der Schule ist Florian aber viel besser. In Diktaten macht er fast nie einen Fehler und in Mathe auch nicht.
»Ich kapier diese blöden Aufgaben nicht! Die Sauer nervt mich!«, schreit Mischa auf der Straße.
»Ist doch ganz einfach. Zuerst rechnest du die Zehner zusammen und dann kommen die Einer noch dazu. Also . . .«
»Ach, lass mich mit dem Mist in Ruhe!«, brüllt Mischa wieder.
Er hat schlechte Laune. Alle sollen hören, dass er schlechte Laune hat. Er steckt die Hände in die Hosentaschen.

Da wird seine Laune gleich besser. Er hat noch Taschengeld!
»Komm mit, Flo! Ich kauf uns was Süßes!«, sagt er zu Florian und zieht ihn mit in den Supermarkt.
»Die Süßigkeiten sind vorn an der Kasse«, sagt Florian.
»Ich weiß. Vorher will ich noch was gucken.«
»Was denn?«
»Ob es neue Sticker gibt«, sagt Mischa.
»Was für Sticker?«
»In den großen Cornflakes-Packungen sind jetzt Fußballer drin. Die sammel ich!«
»Ach so«, meint Florian.
»Die ganzen Stars! Aus England, Frankreich, Italien, Deutschland, Brasilien! Überallher!«
Auf dem Gang zwischen den Regalen liegt eine kleine rote Dose.

Mischa sieht sie sofort. Es ist nur eine Tomatenmarkdose. Aber wenn er mit dem Fuß dagegen tippt, ist sie ein toller Ball.
»Hier, schieß!«, ruft er und kickt den roten Ball mit dem Turnschuh zu Florian.
»Du, Mischa, ich weiß nicht . . .«, fängt Florian an.
Die Dose bleibt vor Florians Füßen liegen.
»Los! Gib schon ab!«, ruft Mischa.
Er ist jetzt Mischa Merker, genannt Supero. Der brasilianische Stürmerstar spielt in der Bundesliga und macht die schönsten Tore. Kopfball, Fallrückzieher . . . Supero kann einfach alles am Ball, obwohl er erst neunzehn ist. Jahrelang hat er auf der Straße mit seinen Freunden geübt. Supero nimmt Flo den Ball ab.

Die Zuschauer sind begeistert und klatschen Beifall. So einen Stürmer haben sie noch nie gesehen!
Supero dribbelt weiter. An den Gemüsedosen vorbei zu den Nudeln und den Tiefkühlschränken. Jetzt ist er im gegnerischen Strafraum.
Der erste Verteidiger taucht auf. Er trägt ein weißes Trikot. Supero will ihn gerade ausspielen. Nein, es ist eine Verteidigerin! Verflixt, es ist eine Verkäuferin mit einem weißen Kittel!
»Was machst du denn hier?!«, schreit sie Mischa an.
Und sie steht vor ihm: riesengroß! Sie ist noch größer und dicker als Frau Sauer. Wie ein Eisberg mit einem runden Kopf sieht sie aus. Die Tomatenmarkdose rollt unter ein Regal und ist weg.

»Bist du verrückt geworden, hier Fußball zu spielen!«, brüllt sie weiter.
»Ähm . . . äh . . . öh . . .«
Mehr kriegt Mischa nicht raus. Die blöden Erwachsenen verderben ihm jeden Spaß.
»Wir wollten nur ein paar Süßigkeiten kaufen«, sagt Florian entschuldigend.
»Ihr verschwindet jetzt auf der Stelle! Raus! Aber dalli!«
Die Verkäuferin treibt die beiden vor sich her zum Ausgang.

# 3

Florian ist sauer auf Mischa. Wegen der Süßigkeiten, die es nicht gab. Sie reden kein Wort miteinander. An der Kreuzung sagt Florian kurz: »Tschüs, bis morgen.«
»Tschüs«, antwortet Mischa und geht weiter nach Hause.
Er knallt die Schultasche gleich in den Flur.
»Guten Tag, heißt das!«, sagt Mama. »Und bring die Tasche in dein Zimmer!«
»Tag«, murmelt Mischa.
In seinem Zimmer sind alle Wände mit Postern behängt. Da sind sie, die Stars aus der Bundesliga! Sie lächeln ihn an und manche haben einen Ball unter dem Arm.

Eines Tages wird es auch von Mischa solche Poster geben. Das weiß er genau. Mischa Merker, genannt Supero, der Mittelstürmer der Sonderklasse! Der beste Mittelstürmer der Welt!
Die Vereine werden sich um ihn reißen. Er wird jede Menge Geld verdienen und bestimmt im Ausland spielen. Spanien wäre nicht schlecht. Da ist es schön warm. Zum Beispiel auf Mallorca. Da war er einmal mit seiner Mutter.
Den Fans schreibt er nach dem Training seinen Namen auf die Mützen und Jacken. Und in den Kinderzimmern hängt überall sein Bild. In Deutschland, Spanien, Brasilien . . .
»Mischa! Essen!«, ruft Mama.

# 4

»Setz dich ordentlich hin!«, sagt Mama und kommt mit zwei Schüsseln zum Tisch.
»Was gibt's denn?«, fragt Mischa.
»Dein Lieblingsessen: Nudeln mit Tomatensoße.«
Mischa packt sich den Teller voll. Er braucht Kraft. Am Samstag hat er wieder ein Spiel mit seinem Verein. Da muss er sich gegen die Verteidiger der anderen Mannschaft durchsetzen. Die werden sich wundern. Er wird sie stehen lassen und ein sauberes Tor schießen.
Mischa grinst.
»War die Schule heute lustig oder warum grinst du?«, fragt Mama.
»Scheiße war sie!«, antwortet Mischa.

»Na! Red nicht so! Und warum? Hast du dich mit jemandem gestritten?«
»Nein, Mama. Es war langweilig. Total langweilig!«, stöhnt er.
Von Frau Sauer erzählt er nichts. Sonst fängt Mama gleich wieder mit den Hausaufgaben an.
Auf der Ablage entdeckt er eine nagelneue Tüte Cornflakes. Toll! Mama hat daran gedacht! Da sind bestimmt neue Sticker drin. Er lässt die Gabel fallen und steht auf.
»Bleib sitzen, Mischa! Erst wird gegessen!«, ermahnt Mama ihn.
»Ich will nur eben . . .«
»Du setzt dich hin und isst auf! Dann machst du deine Hausaufgaben! Der Fußball kann warten!«, sagt sie.
So ein Mist! Jetzt muss er doch erst die Hausaufgaben machen! Immer müssen die Erwachsenen bestimmen!

Dabei wollte er nur eben nachsehen, welche neuen Sticker in der Packung sind. Die kann er dann in sein Album kleben. Und die Doppelten kann er tauschen. Mit Dennis zum Beispiel. Der sammelt auch.
Er setzt sich wieder und isst weiter. Wenn er widerspricht, kriegt er die Sticker vielleicht noch später.

# 5

Mischa sitzt an seinem Schreibtisch. Sein Kopf raucht. Diese doofen Mathe-Aufgaben! Und dann gleich vier Päckchen! Die Sauer gibt immer viel zu viel auf.
Fünf mal dreizehn und fünf mal vierzehn! Das interessiert doch niemanden! Mischa schon gar nicht! Er braucht den Rechenkram später nie. Das weiß er genau.
Als Fußballer muss er ganz andere Sachen können. Zum Beispiel einen Ball mit der Brust stoppen. Oder einen Ball um die Mauer herum schießen. Oder den Torwart beim Elfmeter täuschen.
Supero legt den Ball auf den Elfmeterpunkt und läuft an. Ganz cool

bis in die Fußspitzen. Er guckt in die linke Torecke. Im letzten Augenblick dreht er ab und knallt das Ding oben rechts unter die Latte. Der Torwart hat Pech gehabt.
Die Zuschauer toben. Supero läuft zur Eckfahne und wackelt mit dem Po. Den Fans wirft er Handküsse zu.
»SU-PE-RO – NOCH EIN TOR!«, brüllt das ganze Stadion.
»Na, bist du fertig?«, fragt Mama.
Von wegen fertig, denkt Mischa. Zwei Aufgaben hat er erst geschafft. Ihm ist zum Heulen!
»Gleich«, antwortet er.
Zwanzig Minuten sitzt er schon daran.
Er hat eine Idee. Er schreibt als Lösungen einfach irgendwelche Zahlen hin. Das merkt niemand!
Später wird sowieso ein Angestellter für ihn einkaufen und alle Aufgaben

für ihn rechnen. Supero hat nämlich viel zu tun. Vormittags Training. Nachmittags Fotos für die Zeitungen und Fanpost. Am Wochenende die Spiele. Manchmal auch mittwochs. Europapokal. Und natürlich Länderspiele. Er ist der jüngste Spieler, der für Deutschland spielt. Weil er so gut ist. Weil er der beste . . .

»Zeig mal her!«, schreckt Mama ihn auf.

Sie steht neben ihm und nimmt das Rechenheft vom Schreibtisch. Sie sieht sich die Zahlen an.

»Sieben Aufgaben in einer halben Stunde! Und alle falsch! Was machst du nur die ganze Zeit!«, sagt sie vorwurfsvoll.

»Ja, ähm . . . äh.«

Schon wieder weiß er nicht, was er sagen soll. Zuerst meckert die Sauer

mit ihm. Dann diese blöde
Verkäuferin. Und jetzt noch Mama!
»Fünf mal dreizehn. Das ist doch ganz

einfach!«, schimpft Mama weiter. Mischa hört nicht zu. Mischa weint los. Mama sieht ihn mitleidig an.
»Was hast du?«, fragt sie.
»Ich . . . ich kapier die doofen Aufgaben nicht!«, schluchzt Mischa.
»Weil du in der Schule nicht aufpasst!«
»Stimmt ja gar nicht!«, schreit er.
»Deine letzte Arbeit war voller Fehler! Weil du nur noch an deinen Fußball denkst! Es reicht mir!«, meckert sie.
»Aber . . .«
»Nichts aber! Die Sticker bekommst du erst, wenn du die Aufgaben gemacht hast! Und wenn du bis heute Abend daran sitzt! Das ist mir ganz egal!« – Sie rauscht aus Mischas Zimmer.
»Du bist gemein! Du weißt genau, dass heute Training ist!«, heult Mischa.
Aber das hört Mama nicht mehr.

# 6

Die Sauer ist an allem schuld. Die hat ihm das eingebrockt. Mit ihren blöden Mathe-Aufgaben!
Und niemand hilft Mischa. Flo nicht. Seine Mutter nicht. Auch die Fußballspieler an der Wand nicht. Sie grinsen ihn an.
Warum kann er nicht schon neunzehn sein? Dann braucht er diese doofen Bücher und Hefte nicht mehr. Dann braucht Mischa Merker nur noch einen Ball. Er wird alle Verteidiger aus der Bundesliga schwindelig spielen! Und viele Tore schießen!
Genau das wird er machen!
Und viel Geld wird er verdienen. Mehr, als er allein ausgeben kann. Wenn Mama Geld von ihm will, wird

er sagen: »Tut mir Leid! Du hast mir damals bei den Mathe-Aufgaben auch nicht geholfen.«
Er hat noch einen guten Einfall. In der Küche liegt ein Taschenrechner. Den holt er sich, ohne dass Mama etwas merkt. – In zehn Minuten rechnet Mischa die vier Päckchen. Eigentlich macht es der Rechner. Mischa drückt nur auf die richtigen Knöpfe. Das kann er. Man muss sich nur zu helfen wissen.

# 7

Mischas Mama ist zufrieden.
»Na, siehst du! Es geht doch!«, sagt sie, als sie sein Mathe-Heft in der Hand hält.
Sie stellt ihm keine neue Aufgabe. Sie will keinen Streit mit ihm. Deshalb bekommt er endlich die Cornflakes-Tüte.
Acht Sticker sind darin. Und nur zwei hat Mischa schon. Er klebt die sechs anderen in sein Album und betrachtet die Seiten. Da sind sie: die großen Stars! In den Trikots ihrer Nationalmannschaft.
Mischa fühlt mit dem Finger über die Fotos und blättert bis zum Ende. Da ist ein ganz großes Foto von ihm. Supero, der beste Mittelstürmer der

Welt, lächelt ihn an. Und zwinkert ihm kurz mit einem Auge zu . . .
»Mischa! Fertig machen!«, ruft Mama aus dem Flur.
Das lässt er sich nicht zweimal sagen. Er packt sein Trikot und die Fußballschuhe ein. Mama fährt ihn zum Training. Sie hat keine schlechte Laune mehr wegen der Mathe-Aufgaben. Sie stellt das Autoradio an und hört Musik.
Auf dem Fußballplatz ist Mischa voll konzentriert. Paul, der Trainer, lobt ihn. Mischa mag Paul. Der meckert nie mit ihm rum. – Zum Schluss wird die Mannschaft aufgeteilt. Sie spielen sechs gegen sechs. Mischa spielt auf seinem Stammplatz: Mittelstürmer. Die Verteidiger können ihn nicht stoppen. Er schießt zwei Tore und bereitet eins vor.

»Klasse, Mischa!«, sagt Paul. »Wenn du am Samstag auch so gut bist, gewinnen wir!«
»Klar!«, antwortet Mischa. »Die putzen wir von der Platte! Ich schieße zwei Tore! Genau wie heute!«

# 8

Frau Sauer schaut sich Mischas Heft an. Sie nickt und geht weiter. Schwein gehabt, denkt Mischa. In der Mathe-Stunde meldet er sich kein einziges Mal.

Im Pausenhof steht Flo neben ihm und kaut sein Brot. Auf dem Boden liegt eine gelbe Limodose. Mischa juckt es im Fuß. Aber Dosenspielen ist verboten.

»Weißt du, was?«, fragt Flo mit vollen Backen.

»Nee. Was denn?«

»Unsere Schulmannschaft ist im Endspiel.«

Mischa weiß es. Gestern nach dem Training hat er das gehört. Von Dennis. Als er Sticker getauscht hat.

»Na und«, antwortet er.
Im Grunde ärgert er sich wie verrückt. Diese blöden Kerle aus der 4. Klasse lassen die Jüngeren nicht mitspielen. Ihn auch nicht. Obwohl er besser spielt. Mischa Supero Merker kann mehr am Ball. Er tippt mit der Fußspitze gegen die Limodose. Mit ihm als Mittelstürmer würden sie auf jeden Fall Grundschulmeister.
»Ich glaube, die suchen noch einen Ersatzmann«, erzählt Flo weiter.
»Hast du keine Lust?«
»Bei den Idioten doch nicht!«, meckert Mischa.
»Ich kann mal fragen. Bodo ist mein Freund«, schlägt Florian vor.
»Meinetwegen«, sagt Mischa.

# 9

Mischa wartet zehn Minuten. Dann kommt Flo endlich zurück. Neben ihm gehen Bodo und Kai. Bodo ist Spielführer in der Schulmannschaft. Er ist so groß wie Mischa. Kai ist ein paar Zentimeter kleiner.
»Hier ist Mischa«, sagt Florian. »Er spielt Mittelstürmer.«
»Einen Mittelstürmer brauchen wir nicht. Den spiele ich selbst«, sagt Bodo.
»Der ist doch erst in der 3. Klasse«, meint Kai.
»Na und! Ich bin besser als ihr zwei zusammen!«, kocht Mischa vor Wut.
»Haha!«, lacht Bodo.
Kai tippt sich an die Stirn.
»Vielleicht lasst ihr Mischa beim Training mal mitmachen«, sagt Flo.

»Kommt nicht in Frage. Wir brauchen noch einen für die Abwehr. Die Tore schieße ich selbst«, sagt Bodo und dreht sich um.
»Angeber!«, sagt Mischa.
»Was hast du gesagt?«, fragt Bodo.
»Angeber!«, wiederholt Mischa.
Mehrere Jungen und Mädchen stehen plötzlich um Mischa, Bodo, Kai und Flo herum. Sie warten gespannt.
Die gelbe Limodose liegt vor Mischas Füßen.
»Krieg sie doch, wenn du so gut bist!«, ruft Mischa Bodo zu.
Der versucht ihm die Dose abzujagen. Mischa spielt ihn locker aus. Jetzt kommt Kai dazu. Mischa lässt ihn stehen und kickt die Dose weiter. Kai rutscht aus. Die ersten Jungen und Mädchen fangen an zu lachen.

»Los, komm, du Mittelstürmer!«, brüllt Mischa.
Bodo kommt angerannt. Wieder spielt Mischa ihn aus. Die anderen Kinder klatschen Beifall. Mischa ist einfach besser. Er ist Supero, der Stürmerstar. Bodo und Kai kommen nicht an den Ball. Weil Supero die beiden schwindelig spielt. Und einen sagenhaften Schuss hat er auch.

Supero zielt zwischen die Bäume. Das sind die Torpfosten im Stadion. Der gelbe Ball fliegt durch die Luft.
»Aua!«, schreit Lara.
Sie hat die Limodose ans Bein bekommen.
Herr Peters packt Mischa am Jackenkragen. – Er ist der Sportlehrer und hat gerade Aufsicht.
»Du kommst mit ins Lehrerzimmer!«, sagt er streng und bringt Mischa zu Frau Sauer.

# 10

Mischa wundert sich. Frau Sauer ist gar nicht sauer. Müde und schlapp sitzt sie auf einem Stuhl im Lehrerzimmer.
»Ach, Mischa!«, seufzt sie nur.
Herr Peters hat ihr alles erzählt. Von der Limodose gegen Laras Bein.
»Ich möchte, dass du dich bei Lara entschuldigst«, sagt sie dann. »Und ich werde deine Mutter anrufen. Ich bin in letzter Zeit mit dir gar nicht zufrieden. Geh wieder auf den Pausenhof!«
Mischa könnte heulen. Jetzt wird seine Mutter alles erfahren. Das ist noch viel schlimmer, als wenn die Sauer mit ihm gemeckert hätte.
»Na, wie war's?«, fragt Flo.

»Alles halb so wild«, antwortet Mischa.

# 11

Vorsichtig öffnet Mischa die Wohnungstür mit seinem Schlüssel. Den hat er für alle Fälle. Am besten wäre, er könnte schnell in sein Zimmer verschwinden wie ein Geist. Unsichtbar müsste er sein.
Er setzt sich sofort an den Schreibtisch. Freiwillig. Das macht einen guten Eindruck auf Mama. Zu den Mathe-Aufgaben hat er keine Lust. Die sind zu schwer. Er hätte Flo fragen sollen, ob der . . .
»Huch! Du bist ja schon hier! Ich habe dich gar nicht kommen hören!«, sagt Mama überrascht.
Sie steht in der Tür. Mischa lächelt sie an. Ob Frau Sauer schon angerufen hat? Hoffentlich nicht. Dann kann er

am Abend das Spiel im Fernsehen gucken. Europapokal. Das dauert bis zehn Uhr. Das darf er sehen, wenn Mama gute Laune hat.
Da zeigen sie die besten Spieler. Die können alles am Ball: lange Pässe schlagen, tolle Freistöße schießen, wunderbare Kopfbälle . . . wie Supero.
»Wie war die Schule?«, fragt Mama.
»Geht so«, sagt Mischa.
»Nichts Besonderes?«
»Nein«, lügt er.
Nach dem Essen knallt er die Hausaufgaben hin. Wieder mit Taschenrechner. Dann geht er raus, um Fußball zu spielen. Mit Dennis macht es am meisten Spaß. Der ist Torwart in Mischas Verein. Er steht zwischen zwei Bäumen auf dem Rasen und trägt große Handschuhe.

»Los, Supero!«, ruft er Mischa zu.
»Schieß noch einen Elfmeter!«
Supero läuft an. Genauso wie im Fernsehen. Kurze Täuschung. Dennis fällt in die falsche Ecke. Innenpfosten.
TOOOOOR!!!
Supero wackelt mit dem Po. Die Fans jubeln ihm zu.

# 12

Mischa schaltet den Fernseher schon mal ein. Richtig gemütlich macht er es sich. Mit Chips, Salzstangen und Kakao. Das wird bestimmt ein Klassespiel.

»Was machst du?«, fragt Mama.

»Fußball gucken natürlich«, antwortet er.

Mamas Gesicht ist anders als am Mittag. Ihre Augen sind ganz schmal.

»Das hast du dir so gedacht! Du gehst ins Bett!« Sie wird lauter.

»Warum denn? Ich hab morgen erst zur zweiten Stunde Schule.«

»Da fragst du noch! Frau Sauer hat mich angerufen!«, poltert Mama los.

»Ja, ja«, sagt Mischa kleinlaut.

Er schaltet den Fernseher wieder aus.

Er kann gar nicht weinen. Weil er damit gerechnet hat. Die Sauer vermasselt ihm wirklich alles.
»Lara ist verletzt. Hast du dich bei ihr entschuldigt?«, macht Mama weiter.
»Ja«, sagt er nur und geht in sein Zimmer.
»Angelogen hast du mich! Morgen muss ich wegen dir in die Schule! Du kommst mit zu Frau Sauer! Das sag ich dir! Und jetzt Zähne putzen und ab ins Bett!«, ruft sie ihm nach.

## 13

Jetzt läuft gerade das Spiel im Fernsehen. Und er liegt im Bett. Vor Wut würde Mischa am liebsten alle Poster von den Wänden reißen.
Was soll er morgen nur sagen? Frau Sauer will bestimmt eine Erklärung von ihm. Und Mama auch. Er ist aber nicht gut im Erklären.
Er wollte Lara nicht weh tun. Das ist aus Versehen passiert. Wegen Bodo, diesem Angeber! Wenn der wenigstens Fußball spielen könnte! So ein mieser Mittelstürmer! Frau Sauer glaubt ihm das sowieso nicht.
Mischa dreht sich auf die Seite. Er drückt den Kopf fester ins Kissen. Obwohl es im Zimmer dunkel ist, sieht er die Fußbälle. Ganz viele Fußbälle

sind auf dem Stoff. Die hätte er gern alle. Nicht so kleine, sondern richtig große. Dann würde er es allen zeigen! Mama, Frau Sauer, Flo, Lara, Bodo, Kai und allen anderen. Mit jedem Ball würde er einen anderen Trick zeigen. Supero hat so viele Tricks auf Lager! Er würde so lange spielen, bis alle eingeschlafen sind . . .

# 14

Frau Sauer sitzt auf einem Stuhl und schnauft. Sie hat Mama alles erzählt. Dass Mischa keine Antworten gibt. Dass er sich nie meldet. Und dass er die Aufgaben nicht lösen kann, weil er träumt.
Mischa ist das alles total peinlich. Weil Mama neben ihm sitzt. Mama schaut zur Decke. Sie sieht enttäuscht aus.
»Am Dienstag schreiben wir den Test«, sagt Frau Sauer. »Bis dahin musst du die Aufgaben können.«
»Hm«, antwortet er.
»Lass dir das noch mal von Florian erklären! Der ist doch dein Freund«, schlägt sie vor.
»Hm . . .«, sagt Mischa wieder nur.

Er ruckt auf seinem Stuhl herum. Er weiß wirklich nicht, was er groß sagen soll.
»Und jetzt erzähl uns mal, warum du mit der Dose geschossen hast!«, fordert die Lehrerin ihn auf.
Meine Güte! Was soll er da erklären? Das versteht die Sauer sowieso nicht. Die hat doch keine Ahnung von Fußball!
»Äh . . . ähm . . .«
Mehr bekommt Mischa nicht raus.
»Nun sag doch mal was!«, zischt Mama ihn an.
Na gut! Wenn die beiden unbedingt wollen! Er wird es ihnen sagen!
»Die Jungen aus der 4. Klasse sind schuld. Die lassen mich nicht mitspielen im Endspiel. Weil ich erst in der Dritten bin. Dabei bin ich viel besser als die! Und das hab ich denen

mit der Dose gezeigt! Bodo und Kai!«, legt er los.
»Unsere Schulmannschaft ist im Endspiel?«, fragt Frau Sauer.
Er hat es gewusst. Die Sauer hat keine Ahnung.
»Na klar! Wer denn sonst?!«, sagt Mischa.
»Mischa!«, zischt Mama wieder.
»Ich weiß davon nichts. Da kümmert sich Herr Peters drum, unser Sportlehrer. Aber wenn du willst, rede ich mit ihm. Er lässt dich bestimmt mitmachen«, sagt Frau Sauer und lacht.
Wie bitte? Frau Sauer will mit Herrn Peters reden? Damit er mitspielen kann? Mischa bleibt der Mund offen stehen.
»Willst du das?«, fragt sie jetzt.
»Äh . . . ja . . . na klar will ich!«

# 15

Mischas Wochenende ist toll. Er muss keine Hausaufgaben machen. Und er gewinnt mit seiner Mannschaft ein Spiel. 4 zu 1. Zwei Tore schießt er. Wie er es Paul, dem Trainer, versprochen hat.
Aber der Montag ist noch viel besser. Mischa steht mit Flo auf dem Schulhof. Flo macht gerade die dicke Verkäuferin aus dem Supermarkt nach. Wie die mit ihnen gemeckert hat. Sie müssen beide unheimlich lachen.
Da kommt Herr Peters. Diesmal packt er Mischa nicht an der Jacke.
»Frau Sauer hat mir erzählt, dass du gut Fußball spielst. Stimmt das?«, fragt er.

»Hm«, nickt Mischa.
»Er spielt spitze!«, sagt Flo.
»Dann komm doch heute Nachmittag zum Training! Um 4 Uhr sind wir auf dem Sportplatz. Einen guten Spieler können wir immer gebrauchen.«
»Ja, gut. Um vier bin ich da«, antwortet Mischa.
Er freut sich riesig. Die Sauer ist doch nicht so übel, wie er gedacht hat.

# 16

Alles könnte prima sein. Morgen ist aber der Mathe-Test. Mischa bekommt Bauchweh, wenn er daran denkt.
»Sag mal . . .«, fängt er nach der Schule an.
»Was ist?«, fragt Flo.
»Kannst du mir die Aufgaben erklären?«
»Na klar! Kein Problem«, sagt Flo.
Ein paar Minuten später sitzen sie an Mischas Schreibtisch. Mischas Mama hat ihnen kalten Kakao gebracht. Den lassen sie sich schmecken. Dann erklärt Flo:
»Zum Beispiel 5 mal 15. Zuerst rechnest du die Zehner. Wie viel ist 5 mal 10?«
Mischa überlegt lange. Er will

unbedingt das richtige Ergebnis sagen.
»Fünfzehn«, sagt er dann.
»Oh, oh! Ich glaube, du hast Plus gerechnet. Du musst 5 *mal* 10 rechnen!«
»Siehst du! Ich kapier das nicht! Morgen schreib ich bestimmt ’ne Sechs!«, jammert Mischa.
»Quatsch! Die Aufgaben sind total einfach! Hast du Geld da?«, fragt Flo.
»Warum?«
»Gib mal her!«
Mischa holt seine Spardose. Er legt die Münzen auf den Schreibtisch. Flo nimmt 5 Groschen in die Hand.
»Das ist 5 mal 10. Was kommt da raus?«
»Fünfzig«, sagt Mischa sofort.
»Richtig! Und jetzt die Einer dazu! Wie viel ist 5 mal 5?«

»Fünfundzwanzig.«
»Macht zusammen?«
»Äh . . . fünfundsiebzig?«
»Genau! Du hast es! Jetzt legst du 5 mal 11!«, fordert Flo.
Mischa nimmt die Geldstücke. Zehn braucht er dazu. 5 Zehner und 5 Pfennige. Er hat das Ergebnis sofort.
»Fünfundfünfzig«, sagt er stolz.
»Na bitte!«, lobt Flo.
»Ich wusste gar nicht, dass das so einfach ist«, meint Mischa.
»Sag ich doch! Total einfach!«, sagt Flo.

## 17

Mischa kommt zum Sportplatz. Seine Fußballschuhe hat er in einem Beutel. Er ist sehr aufgeregt.
»Was willst du denn hier?«, fragt Bodo.
»Mitspielen«, antwortet Mischa.
»Zisch ab! Wir brauchen dich nicht! Das hab ich dir doch gesagt!«
»Genau! Zisch bloß ab, du Spinner!«, sagt auch Kai.
Da kommt Herr Peters.
»Hallo, Mischa! Schön, dass du da bist! Zieh deine Fußballschuhe an und mach mit!«, begrüßt er ihn.
Mischa gibt sich Mühe. Er rennt über den Platz, was seine Beine hergeben. Aber er ist nicht so gut wie im Verein. Herr Peters beobachtet ihn. Und die Jungen aus der 4. Klasse geben ihm

fast nie den Ball. Ein Stürmer braucht aber gute Vorlagen, um ein Tor zu schießen.
»Geh nach Hause! Du bringst es nicht!«, sagt Bodo in der Pause.
»Weil ich den Ball nie kriege!«, regt Mischa sich auf.
»Das bleibt auch so!«, grinst Kai.
»Ihr seid bescheuert!«, schreit Mischa.
»Keinen Streit!«, geht Herr Peters dazwischen. »Wir sind eine Mannschaft. Gewinnen können wir nur gemeinsam!«
»Aber nicht mit dem!«, sagt Bodo und zeigt auf Mischa.
»Warum denn nicht? Mischa ist doch prima. Ihr müsst ihn nur öfter anspielen!«, meint Herr Peters.
»Wir können's ja versuchen«, sagt Kai und grinst schon wieder.
Nach der Pause geht es besser. Mischa

bekommt mehr Bälle. Ein Tor schießt er aber nicht. Weil er nicht Mittelstürmer sein darf. Da spielt Bodo.
»Au! Au!«, schreit Bodo plötzlich. Er hat in den Rasen getreten. Jetzt liegt er auf dem Platz und fasst sich mit beiden Händen an den rechten Fuß. In seinen Augen sind Tränen.
»Was ist passiert?«, fragt Herr Peters.
»Ich weiß nicht. Mir tut der Fuß weh.«
Herr Peters zieht Bodo den Schuh aus. Er macht ein besorgtes Gesicht.
»Das sieht gar nicht gut aus. Dein Fuß ist geschwollen«, stellt er fest.
»So ein Mist! Und am Mittwoch ist das Endspiel!«, jammert Bodo.
Herr Peters hilft ihm hoch. Bodo humpelt vom Platz.
»Vielleicht ist es bis dahin wieder in Ordnung«, sagt Herr Peters.

»Vielleicht«, knurrt Bodo enttäuscht und sieht Mischa böse an.

# 18

Die Mathe-Arbeit ist gar nicht so schwer. Mischa kommt gut voran. Als er für eine Aufgabe länger braucht, benutzt er einen Trick. Er stellt sich die Münzen vor. So, wie Flo es ihm gezeigt hat. Da hat er bald die Lösung. Einmal schaut er zu Flo hinüber. Der zwinkert ihm zu und lacht.
Frau Sauer geht durch die Reihen. Neben Mischa bleibt sie stehen. Sie sieht über seine Schulter auf das Heft. »Prima, Mischa!«, sagt sie zufrieden und lacht auch.
Mischa muss grinsen. Die Sauer findet er immer besser. Fast hätte er »Prima, Frau Sauer!« geantwortet.

# 19

Am Mittwoch um 3 Uhr ist es so weit: Das Endspiel. Bodo kann nicht mitspielen. Er ist verletzt. Kai ist der neue Mannschaftskapitän. Und Mischa der neue Mittelstürmer.
Vor dem Anpfiff schnürt Mischa seine Schuhe fest zu. Er sieht viele Mädchen und Jungen aus seiner Schule unter den Zuschauern. Und eine Frau, die mindestens 100 Kilo wiegt.
Die Jungen der anderen Grundschule tragen grüne Trikots. Sie nennen sich die Frösche. Ganz schön große Frösche, denkt Mischa. Egal! Er muss eben besser spielen als die.
Mischas Mannschaft trägt gestreifte Trikots. Herr Peters hat sie die Tiger getauft.

»Auf geht's! Ihr schafft es!«, macht Herr Peters der Mannschaft Mut.
In der ersten Halbzeit schießt Mischa zweimal auf das Tor. Der erste Ball wird gehalten. Der zweite geht daneben. Trotzdem feuern die Kinder ihn von der Seite aus an: »MISCHA! MISCHA!«, rufen sie, so laut sie können.
Kurz vor der Halbzeit haben die Frösche Glück. Ein Freistoß fliegt von der Mauer in das Tor der Tiger. Die Frösche umarmen sich. Sie führen 1:0.
»Macht nichts!«, sagt Herr Peters. »Ihr seid besser. Wenn ihr so weiterspielt, schafft ihr es!«
In der zweiten Halbzeit greifen die Tiger richtig an. Immer wieder sind sie vor dem Tor der Frösche. Mischa spielt einen Verteidiger aus. Er könnte

schießen. Aber Kai steht besser als er. Mischa schiebt ihm den Ball hin und Kai knallt ihn rein!
TOOOOR!
Die Tiger jubeln. Ihre Anhänger werden lauter:
»TIGER VOR – NOCH EIN TOR!«, fordern sie.
Mischa hört ganz deutlich Frau Sauers Stimme. Herr Peters zeigt ihm die Faust mit dem Daumen nach oben.
»Super, Mischa!«, ruft er.
Das spornt Mischa an. Jetzt ist er überall: beim Einwurf, im Strafraum der Frösche und sogar in der eigenen Verteidigung. Er wird allen zeigen, wer der Beste ist. Der beste Mittelstürmer . . .
Es gibt eine Ecke für die Tiger. Kai legt sich den Ball hin. Er läuft an und schießt. Der Ball segelt in den

Strafraum. Mischa läuft auf ihn zu. Er fliegt durch die Luft und trifft den Ball mit dem Kopf. Genau in den Winkel! Ein echtes Traumtor!
Ganz kurz denkt er an Supero. Der hätte das auch nicht besser gemacht. Dann werfen sich die anderen Tiger auf Mischa. Das ist ein tolles Gefühl! Mischa hat das 2:1 gemacht! Das Tor zum Sieg! Sogar Bodo ist völlig aus dem Häuschen. Er humpelt an der Seitenlinie und jubelt mit den anderen.

# 20

Am nächsten Tag steht Frau Sauer vor der Klasse. Sie strahlt über das ganze Gesicht.
»Guten Morgen«, sagt sie.
»Guten Morgen«, antworten alle.
»Bevor wir anfangen, muss ich euch etwas Wichtiges erzählen: Unsere Grundschule hat den Pokal im Fußball gewonnen!«
»Wissen wir!«, ruft Mieke dazwischen.
»Und unser Mischa hat das entscheidende Tor geschossen!«
»Wissen wir auch!«, ruft Julio.
Alle Kinder klatschen Beifall. Mischa ist es richtig peinlich. Er wird rot wie eine Tomate.
»Na gut! Wenn ihr schon alles wisst, erzähle ich euch etwas, was ihr nicht

wisst. Und darüber habe ich mich noch mehr gefreut als über den Pokal. Der gleiche Mischa hat im Mathe-Test nur einen Fehler gemacht! Ganz toll, Mischa!«, lobt sie ihn.

Das ist Mischa fast noch peinlicher. Er weiß gar nicht, wo er hingucken soll. Weil schon wieder alle klatschen und ihn anlachen. Aber dann lacht er mit. Denn in einem Mathe-Test hat er noch nie so wenige Fehler gemacht. Und das ist auch ein ganz tolles Gefühl!